AF201020

Rainer Stablo

NIE ZWEIMAL DENSELBEN FEHLER

Der anti-anti-nationale Björn Höcke
gegen den Strich gebürstet

Zur Strategiedebatte der Linken in Deutschland
Eine schlussfolgernde, selektive Gegenüberstellung

Fragment

Bibliographische Information der Deutschen Nationalbibliothek:
Die Deutsche Nationalbibliothek verzeichnet diese Publikation in der
Deutschen Nationalbibliografie, detaillierte bibliografische Daten sind im
Internet über http://dnb.dnb.de abrufbar.

Das Werk einschließlich aller seiner Teile ist urheberrechtlich geschützt.

© 2020 Rainer Stablo
Herstellung und Verlag
BoD – Books on Demand, Norderstedt

ISBN 978-3-75048-805-2

Inhalt

NIE ZWEIMAL DENSELBEN FEHLER

Der anti-anti-nationale Björn Höcke gegen den Strich gebürstet

Zur Strategiedebatte der Linken in Deutschland
Eine schlussfolgernde, selektive Gegenüberstellung

Abstract

1. Das oberste politische Ziel der Linken in Deutschland ist und bleibt die (revolutionäre) Überwindung des Kapitalismus und seine Ablösung durch einen (demokratischen, ökologischen) Sozialismus/Kommunismus eigener Prägung. Die „freie sozialistische Republik Deutschland" (Karl Liebknecht 1918) steht noch immer auf der Tagesordnung.

2. Nur eine sozialistische (respektive kommunistische) Fundamental- bzw. Systemopposition mit strategischer Planung kann letztlich zum Ziel führen. Die einseitige, kritiklose, planlose Fokussierung auf und Einbindung in das parlamentarische, repräsentative politische System führt dagegen zwangsläufig zum Scheitern. Reformen werden nie systemüberwindend sein können.

3. Ein dialektisches Zwei-Parteien-Konzept sollte strategisch daher an die Stelle der gescheiterten bisherigen linken Parteikonzepte und -strukturen treten: die eine Partei explizit **sozialistisch-reformerisch**, systemimmanent für konkrete Verbesserungen und gegen Verschlechterungen kämpfend, die andere Partei explizit **sozialistisch-revolutionär** und ganz auf die Überwindung des kapitalistischen Systems fokussiert. Zwei linke Parteien also, die - obwohl organisatorisch und personell getrennt - nicht in Konkurrenz zueinander stehen, sich nicht gegenseitig bekämpfen und auch interne Flügel-

kämpfe nicht mehr austragen müssen, sondern sich - trotzdem gemeinsam strategisch planend - arbeitsteilig **symbiotisch** ergänzen und im antikapitalistischen Kampf solidarisch unterstützen.

4. Die (dialektisch-symbiotisch organisierte) Linke macht die soziale Kategorie „Volk" mit einem positiven linken, sozialistischen Volksbegriff, der nichts mit einem „völkischen Reinheitsideal" oder „phänotypischer Einheitlichkeit" zu tun hat, wieder zu einem ihrer zentralen Orientierungspunkte im politischen Denken und Handeln, neben dem Klassenkampf und der System- und Eigentumsfrage. Dazu nötig ist ein unvoreingenommener Blick in die Geschichte und über den eigenen Tellerrand hinaus, insbesondere auf Länder wie die Volksrepublik (sic!) China, Vietnam, Kuba, Laos, Venezuela, aber auch Indien und Russland, und auf linke, sozialistische, kommunistische Parteien und (Volksbefreiungs-)Bewegungen in aller Welt.

5. Parallel zum positiven, linken, sozialistischen Volksbegriff hat eine Linke sich auch den Begriff der „Nation" (wieder) anzueignen und (neu) positiv zu besetzen. Die Pflege eines „gesunden Nationalbewusstseins, ohne Überhöhung oder narzisstische Verklärung", unter den Kategorien „linker Patriotismus", „sozialistischer Patriotismus" oder „kommunistischer Patriotismus" ist infolgedessen selbstverständliche Aufgabe einer Linken, die im besten Sinne populistisch (= volksnah) ist.

6. Die Politik der (erneuerten, patriotisch-populistischen) Linken ist internationalistisch und ohne Wenn und Aber strikt antikapitalistisch, antiimperialistisch, antifaschistisch, antikolonialistisch, antimilitaristisch, antinationalistisch, antirassistisch und antisexistisch.

7. Für die (antiimperialistische) Linke haben der schnellstmöglich Austritt Deutschlands aus der NATO, der Abzug aller NATO-Truppen und -Geheimdienste aus Deutschland sowie die Schließung aller NATO-Einrichtungen in Deutschland höchste Priorität, ebenso der schnellstmögliche Austritt Deutschlands aus der Europäischen Union und der Abschied vom Euro.

8. Für eine Linke, die in der Welt, wie sie derzeit nun einmal ist, als realitätsbezogene und zukunftsfähige Kraft ernst genommen werden und erfolgreich sein will, ist der Aufbau und die Weiterentwicklung einer sozialistischen Armee zum Zweck der Verteidigung gegen innere wie äußere militärische Aggressionen eine überlebensnotwendige Selbstverständlichkeit. Nur bewaffnete Selbstbestimmung wird ein sozialistisches Gemeinwesen gegen die unbedingt zu erwartenden Angriffe absichern können.

9. Zwingende Voraussetzung für den Aufbau und die Entwicklung der Streitkräfte für ein sozialistisches Deutschland ist ein sozialistisches Militärkonzept auf der Basis einer Militärtheorie, die sich nicht zuletzt an Theorie und Praxis sozialistischer, kommunistischer und Volksbefreiungsstreitkräfte aus Vergangenheit und Gegenwart orientieren sollte.

10. Die Vorhaltung schlagkräftiger sozialistischer Streitkräfte ist von der Verstaatlichung bzw. Vergesellschaftung der Rüstungsindustrie zu begleiten.

11. Die Linke in Deutschland erkennt die Charta der Vereinten Nationen als verbindliche Grundlage des Völkerrechts an. Völlig im Einklang mit dieser Charta ist die Linke in Deutschland daher dem „Grundsatz der Gleichberechtigung und Selbstbestimmung der Völker" bzw. „der souveränen Gleichheit aller ihrer Mitglieder" und der Unterlassung „jede(r) gegen die territoriale Unversehrtheit oder die politische Unabhängigkeit eines Staates gerichtete oder sonst mit den Zielen der Vereinten Nationen unvereinbare Androhung oder Anwendung von Gewalt (in ihren internationalen Beziehungen)" bzw. „Beziehungen zwischen den Nationen" verpflichtet.

12. Auslandseinsätze im Bündnis mit anderen Streitkräften sind im Rahmen der UN-Charta keineswegs tabu, wenn sie dem Maßstab für den Einsatz der sozialistischen Streitkräfte genügen, und der ist die antikapitalistische, antifaschistische, antiimperialistische und antikolonialistische Ausrichtung der Politik der Linken.

Einleitung

Februar/März 2020.

Während die VR China den Kampf gegen den Coronavirus Sars-CoV-2 mit äußerster Entschlossenheit führt, in Syrien (Idlib) der geostrategische Stellvertreterkrieg in eine entscheidende Phase eingetreten ist, in der die direkte militärische Konfrontation zwischen Russland und der Türkei droht, das NATO-USA-Manöver Defender 20 gegen Russland begonnen und in Hanau der dritte rechtsterroristische Mordanschlag (in Deutschland) innerhalb weniger Monate stattgefunden hat, zeitigt der vermeintliche „Tabubruch" bzw. „Dammbruch" von CDU-FDP-AfD in Thüringen allerlei parteipolitische Verwerfungen in der Bundesrepublik Deutschland.

Höchste Zeit, das Verhältnis der LINKEN im Besonderen und der Linken im Allgemeinen zur AfD einer grundsätzlicheren Analyse und Kritik zu unterziehen.

Analyse und Kritik erfolgen vor dem Hintergrund der sich auf Rainer Mausfeld und andere beziehenden Einschätzung, dass der AfD - als rechtspopulistischer Partei - im parlamentarischen System der Bundesrepublik eine eindeutig systemstabilisierende Funktion und Rolle zukommt, deren Hauptziel die Neutralisierung der LINKEN bzw. Linken bzw. jeglichen systemkritischen Widerstandes ist.

Die neoliberal-nationalistische AfD (Rainer Rupp, Tagesdosis 21.02.2020, Der Gipfel der Heuchelei) ist demnach eine rechtspopulistische - in Teilen auch rechtsextremistische, faschistoide, faschistische - Ausgründung aus den anderen bürgerlichen Parteien (CDU-CSU-FDP), Fleisch vom Fleische dieser Parteien, „direkte Folge der vorhergegangenen Jahrzehnte neoliberaler Politik und Ideologie der Alternativlosigkeit und der damit verbundenen Entleerung des politischen Raumes", und dient der neoliberalen „Mitte" zugleich „den von ihr erst mit hervorgebrachten Rechtspopulismus für eine weitere Angsterzeugung zu nutzen, um sich durch eine solche Drohkulisse bei Wahlen zu stabilisieren."

„Der Kampf der politischen Zentren der Macht", der „Parteien der sogenannten Mitte" „gegen Rechts war und ist in Wahrheit immer ein Kampf gegen Links. Der von oben verkündete Kampf gegen den Rechtspopulismus verdeckt, wie groß tatsächlich die Gemeinsamkeiten sind mit dem, was eigentlich abzuwehren gilt. Dies betrifft sowohl die Form der populistischen Rhetorik als auch die den Rechtspopulismus kennzeichnenden Aspekte rassistischer und kulturrassistischer Ressentiments." „Der von oben verordnete Kampf gegen den Rechtspopulismus ist daher heuchlerisch." (Rainer Mausfeld, Kampf gegen Rechts heißt Kampf gegen Links, 15.02.2020, Nachdenkseiten).

Ein politischer Kampf der LINKEN bzw. Linken gegen die AfD, der diese Zusammenhänge nicht sieht oder nicht sehen will, ist ein zutiefst systemstabilisierender Scheinkampf, vertane Zeit, vergeudete Energie.

Nicht vertan ist die Zeit dann, wenn der politische Kampf der LINKEN bzw. Linken nicht isoliert gegen die AfD alleine, als der extremen Form, sondern gleichermaßen und gleichzeitig gegen die AfD und die anderen bürgerlichen, neoliberalen Parteien (Fleisch vom Fleische!) geführt wird!

Ein Hebel dieses wirklichen Kampfes ist also das permanente Aufdecken und Aufzeigen der inhaltlichen, methodischen, politischen, auch personellen Übereinstimmungen zwischen den „alten" bürgerlichen, neoliberalen Parteien und der „neuen" neoliberal-nationalistischen AfD sowie der Arbeitsteilung und des Austauschs zwischen ihnen zwecks Erhalt des Systems (Scheindemokratie, Demokratiesimulation, Herrschaftssicherung im Kapitalismus).

Ein weiterer, entscheidender Hebel in diesem politischen Kampf - und um diesen geht es im Folgenden - ist der, mit dem die AfD selbst und ihr Flügel zu entzaubern und zu knacken sind. Diesen Hebel liefert Björn Höcke mit dem 2018 erschienen Gesprächsband „NIE ZWEIMAL IN DENSELBEN FLUSS" höchst selbst.

Insbesondere aus den Stellen in diesem Buch, an denen Björn Höcke die aktuelle Politik der LINKEN gönnerhaft - teils sogar mit Bedauern - thematisiert bzw. kritisiert, lässt sich unschwer ableiten, was diese LINKE (im Besonderen) und die Linke (im Allgemeinen) in Deutschland zu ändern und zu tun hat/hätte, um der AfD den Wind aus den Segeln nehmen und ihrem Flügel das Wasser abgraben zu können.

Die offiziellen, besonders auch die anti-anti-nationalen Einlassungen Björn Höckes liefern - gegen den Strich gebürstet - die Grundlage für folgenden Schluss:

(Nur) eine LINKE bzw. Linke, die bereit und in der Lage ist, die nachstehenden Schlussfolgerungen aus der selektiven Gegenüberstellung (Folgerungen oben, Björn Höcke-Zitate in den Fußnoten unten) zu ziehen und in Zukunft glaubwürdig zu beherzigen, wird mit hoher Wahrscheinlichkeit an die Stelle der Scheinalternative AfD und ihrer Fleisch-vom-Fleische-Schwesterparteien treten und zu einer wirklichen, glaubwürdigen politischen Alternative für Deutschland, einer notwendig sozialistischen, werden können.

Dies ganz unabhängig davon, ob Björn Höcke mit bzw. hinter seinen offiziellen Worten auch oder doch noch eine andere, rechtsextreme Agenda verdeckt bzw. versteckt, da dies nichts an der systemstabilisierenden Funktion und Rolle der AfD im politischen System ändern würde.

schlussfolgernde, selektive Gegenüberstellung[1]

Ziel, Strategie

Den fahrenden Zug vor dem Aufprall zu stoppen, das ist selbstredend auch ein politisches Ziel der Linken, wenngleich nicht das oberste.[2] Der Zug auf dem kapitalistischen Gleis ist gemeint, und es geht nicht darum, den Kapitalismus vor dem Aufprall zu retten, sondern ganz im Gegenteil, den Zug vor dem Aufprall auf ein anderes Gleis und damit in eine komplett andere Richtung zu bringen. Die Alternative zum Kapitalismus heißt aber nicht noch mehr Kapitalismus oder Imperialismus oder gar Faschismus, die terroristische Form des Kapitalismus, sondern Sozialismus oder/und Kommunismus.

Das oberste politische Ziel der Linken ist die (revolutionäre) Überwindung des Kapitalismus und seine Ablösung durch einen (demokratischen, ökologischen) Sozialismus/Kommunismus eigener Prägung: Die „freie sozialistische Republik Deutschland" (Karl Liebknecht, am 09. November 1918) steht erneut bzw. immer noch auf der Tagesordnung.

Für eine Linke, die ihren menschheitsgeschichtlichen Auftrag ernst nimmt, egal ob sie sich selbst als sozialistisch oder kommunistisch bezeichnet oder begreift, hat die Erarbeitung einer schnellstmöglich zum Erfolg führenden systemüberwindenden Strategie höchste Priorität zu haben, da nur noch sehr beschränkt Zeit zur Verfügung steht.

Teil der Strategie sollte es auf jeden Fall sein, dass die Linke - wie früher - zuvörderst die Aufgabe übernimmt, im bestehenden politischen System - unter Ausschluss von Gewalt[3] -

---

[1] Sämtliche gegenübergestellte Fußnotenzitate sind dem Buch: Björn Höcke, NIE ZWEIMAL IN DENSELBEN FLUSS, Lüdinghausen und Berlin 2018, entnommen.

[2] „Unser oberstes politisches Ziel ist es natürlich, (...) den fahrenden Zug vor dem Aufprall zu stoppen." (S. 254)

[3] „Gewalt schließe ich in dem heutigen Kulturkampf, der ausschließlich auf geistiger Ebene ausgetragen werden sollte, ohnehin aus." (S. 91)

mittels intelligenter Konfrontationsstrategie[4] für die Störung des etablierten Konsenses zu sorgen und erneut die Rolle des Hans-Joachim Maazschen „Omegas", des Außenseiters des Systems, zu übernehmen.[5]

Dabei muss die Linke allerdings sehr deutlich machen, dass die Lösung vieler kleiner und mit Sicherheit aller großen gesellschaftlichen Probleme (sozial, politisch, ökonomisch, ökologisch) nicht innerhalb des gegenwärtigen Systems möglich sein wird. Erst mit der Ablösung des kapitalistischen Systems durch eine sozialistische Gesellschaft je eigener Form bzw. Ausprägung und deren stetige Weiterentwicklung wird dies - in Deutschland wie auch anderswo - möglich werden.[6]

Eine notwendigerweise systemkritische[7], fundamentaloppositionelle[8] (Johannes Agnoli, Die Transformation der Demokratie, 1967) Linke muss

---

[4] „intelligente Konfrontationsstrategie" (S. 92)

Die Störung des etablierten Konsenses das Gebot der Stunde? „Ja" (S. 93)

[5] „Hans-Joachim Maaz bezeichnet solche Konsensstörer als »Omegas«, (...) Außenseiter des Systems, die auf mögliche Fehler und Irrwege hinweisen (...) ganz wichtige Funktion (...) Salz des Gemeinwesens. Früher kam dieses belebende Element meist von der Linken. Heute ist das die gesellschaftliche Gruppenrolle von AfD und Pegida." (S. 93)

[6] Die AfD muß sich dann langsam entscheiden, ob sie als kritischer Teil des Establishments agieren möchte, wie es die sogenannten »Realpolitiker« in der Parte fordern, oder ob sie eine wirkliche Alternative zum Bestehenden sein will – was eine globalisierungs- und kapitalismusüberwindende Position einschließt." (S. 250)

„(...) strikter Antikapitalist? Wenn man die heute herrschende Ökonomie als Grundlage nimmt, dann schon. Denn ein ungebändigter Kapitalismus fördert nicht nur die Gier, sondern zerstört neben dem sozialen Zusammenhalt langfristig auch die Völker und Nationen." (S. 250)

[7] „Innerhalb der traditionellen liberalen, konservativen und linken Milieus scheiden sich »systemkonforme« und »systemkritische« Teile und bilden ganz neuartige Verbindungen und Bündnisse." (S. 238)

[8] „fundamental-opposionelle(n) Haltung" (S. 241)

in Deutschland der von Lenin karikierten angeblichen Revolutionsunfähigkeit der Deutschen, ihrem angeblichen Mangel an Mut, Zorn und Empörung[9], beharrlich entgegenwirken, und unermüdlich darauf hinweisen, dass eine wirkliche Überwindung des kapitalistischen Systems nur durch eine sozialistische Revolution möglich sein wird. Reformen werden nie systemüberwindend sein können.

Auch die Linke muss den Widerstand, das Aufstehen[10] (Sahra Wagenknecht, Oskar Lafontaine), auf den verschiedenen Ebenen des Kampfes initiieren, vorantreiben, unterstützen und organisieren, auf der Ebene des Straßenprotestes genauso wie in den Betrieben und als Speerspitze im parlamentarischen System.

Und - ganz wichtig! - auch die Linke wird die Unterstützung von frustrierten Teilen des gegenwärtigen Staats- und Sicherheitsapparates (Verwaltung, Polizei, Militär) benötigen, um ihr Ziel erreichen zu können.[11]

Dazu muss auch sie diesen eine echte Perspektive in der Verwaltung, der Polizei und dem Militär eines sozialistischen Gemeinwesens bieten, sowohl beim (revolutionären) Übergang dahin als auch in der Zeit danach, bei der Weiterentwicklung. Insbesondere Letzteren ist der Zugang zu einer sozialistischen Armee, die allein dem Zweck der Selbstverteidigung dient, zu öffnen.

---

[9] „Mangel an Mut, Zorn und Empörung – und tatsächlich ist es manchmal schwer zu ertragen, was sich dieses Volk an Zumutungen und Ungerechtigkeiten alles gefallen läßt ohne aufzustehen." (S.211)

[10] „(...) Lenin über die Revolutionsunfähigkeit der Deutschen, die vor der Erstürmung eines Bahnhofs eine Bahnsteigkarte ziehen würden. Da ist tatsächlich etwas dran, (...)" (S. 211)

[11] „Widerstand hat verschiedene Ebenen, (...) Ebene des Straßenprotestes (...) oder auch im parteipolitischen Rahmen (...) als parlamentarische Speerspitze der Bürgeropposition. (...) eine weitere Front aus den frustrierten Teilen des Staats- und Sicherheitsapparates heraus (...)". (S. 233)

Auch stünde es der Linken gut zu Gesicht, wenn sie für die (mittelfristige) Zukunft eine überzeugende, qualifizierte und handlungsfähige politische Mannschaft für eine sozialistische Regierung aufstellen und anbieten würde.[12]

---

[12] „Ein widerständiges Potential muß irgendwann einmal auch staats- und regierungsfähig werden. (...) Wir brauchen für die Zukunft eine handlungsfähige politische Mannschaft, (...)". (s. 234)

Volk[13]

Die Linke macht die soziale Kategorie „Volk" wieder zu einem ihrer zentralen Orientierungspunkte im politischen Denken und Handeln, neben dem Klassenkampf und der System- und Eigentumsfrage. Dazu ist ein positiver linker, sozialistischer Volksbegriff zu entwickeln, der nichts mit einem „völkischen Reinheitsideal" oder „phänotypischer Einheitlichkeit"[14] zu tun hat.

Ein unvoreingenommener Blick in die Geschichte und über den eigenen Tellerrand hinaus, insbesondere auf Länder wie die Volksrepublik (sic!) China, Vietnam, Kuba, Laos, Venezuela, aber auch Indien und Russland, und auf linke, sozialistische, kommunistische Parteien und (Volksbefreiungs-)Bewegungen in aller Welt, sollte zu einer belastbaren Kategorie „Volk" führen.

Die sozialistische Politik der Linken sollte sich in der Folge und in Abgrenzung zur Bezeichnung „völkisch" als „volksverbunden" oder „ volksnah" oder auch - in Anlehnung und Erinnerung an die Zeitung „L'ami du Peuple"

---

[13] „Wir sollten ganz selbstbewußt darauf hinweisen, daß die Kategorie »Volk« der zentrale Orientierungspunkt in unserem politischen Denken und Handeln ist. Und daß das Eigene an erster Stelle kommt." (S. 133)

„Die Feststellung, dass Völker Konstruktionen sind, ist (...) banal." (S. 126)

„Ein Volk kann als eine dynamische Einheit aus Abstammung, Sprache, Kultur und gemeinsam erlebter Geschichte beschrieben werden. Es ist eine menschliche Gemeinschaftsform": (S. 127)

„Ein Volk ist in seiner Generationenfolge wie ein großer Strom, der in seinem Lauf Wasserzuflüsse von verschiedenen Seiten erhält und auch selbst Wasser an Nebenarme und andere Flüsse abgibt." (S. 130)

[14] „Völlig falsch wäre (...) die Propagierung eines »völkischen Reinheitsideals«, das ist schon historisch gesehen Unfug". (S. 129)

„Aber eine »phänotypische Einheitlichkeit« anzunehmen oder gar anzustreben, ist Unsinn." (S. 131)

von Jean-Paul Marat in der Zeit der Französischen Revolution - als „volks-freundlich" definieren.[15]

Dies alles vor dem Hintergrund, dass die Volkszugehörigkeit einer Person an sich wirklich keine Frage von Links oder Rechts ist.[16]

Jede wirklich linke Partei, in welcher Form oder unter welcher Bezeich-nung sie auch immer auftritt, als linke oder sozialistische Arbeiter- oder Volkspartei, als kommunistische Arbeiter- oder Volks- oder Kaderpartei oder als linkspopulistische Partei, die den Volksbegriff positiv benutzt, wird die AfD einer existenziellen Zerreißprobe unterziehen.[17]

Dass die Kategorie „Volk" tatsächlich etwas Reales (und Positives) - insbe-sondere auch für sozialistische Staaten! - bezeichnet, sei durch einige we-nige Erwähnungen unterstrichen:

---

[15] Die Bezeichnung »völkisch« „halte ich politisch-inhaltlich nicht für glücklich und habe sie auch nie für meine eigene Position verwendet. Sie steht nämlich für eine bestimmte politische Richtung Ende des 19./ Anfang des 20. Jahrhunderts, deren Inhalte und Forderungen ich nicht teile. (...) Unabhängig davon halte ich die Bezeich-nung »volksverbunden« oder »volksfreundlich« für besser. Sie entlarvt nämlich die Gegner als eben nicht volkverbunden, ja volksfeindlich." (S. 133)

[16] „Die Volkszugehörigkeit ist keine Frage von Links oder Rechts." (S. 136)

[17] „Auch als Linker steht man in einer Schicksalsgemeinschaft mit seinem Volk, wie es in anderen Ländern vollkommen normal ist – man schaue nur einmal nach Irland, Schottland oder Katalonien. Wir dürfen daher die deutsche Linke für ihr gestörtes Verhältnis zum eigenen Volk nicht verdammen, sondern sollten ihr auf dem Weg zu einer Versöhnung helfen (...)." (S. 135)

„Ich werde als besonders »rechts« eingestuft, wenn ich als Patriot linke Positionen vertrete, nämlich das Soziale und Gemeinschaftliche betone." (S. 137)

„Ich will auch niemandem, auch keinem Linken, sein politisches Selbstverständnis bestreiten – ich plädiere lediglich für gegenseitigen Respekt." (S. 143)

„Ich bin (...) zunehmend skeptisch bei der Selbstverortung als »rechts« oder »kon-servativ« geworden." (S. 143)

„Charta der Vereinten Nationen: **„Wir, die Völker der Vereinten Nationen,…"**
Quelle: https://www.unric.org/html/german/pdf/charta.pdf

Verfassung der Vereinigten Staaten von Amerika: **„Wir, das Volk der Vereinigten Staaten, …"**
Quelle: https://usa.usembassy.de/etexts/gov/gov-constitutiond.pdf

Verfassung der Republik Kuba: **„Wir, das kubanische Volk, …"**
Quelle: https://cubaheute.files.wordpress.com/2019/01/constitucion-cuba-2019-final.pdf (**„NOSOTROS, EL PUEBLO DE CUBA, …"**)

„Verfassung der Sozialistischen Volksrepublik China: „Die Volksmassen aller Nationalitäten Chinas …"
„… das chinesische Volk …"
Quelle: http://www.verfassungen.net/rc/verf82-i.htm

Verfassung der Sozialistischen Republik Vietnam: **„…, the Vietnamese People, …"**
Quelle: https://en.wikisource.org/wiki/Constitution_of_Vietnam_(2013)

Verfassung der russ(länd)ischen Föderation/ Verfassung Russlands: **„Wir, das multinationale Volk der Russländischen Föderation, …"**
Quelle: http://www.constitution.ru/de/ "

Bundesverfassung der Schweizerischen Eidgenossenschaft: **„Das Schweizervolk …"**
Quelle: https://www.admin.ch/opc/de/classified-compilation/19995395/index.html

Indische Verfassung: **„WE, THE PEOPLE OF INDIA,** having solemnly resolved to constitute India into a SOVEREIGN SOCIALIST SECULAR DEMOCRATIC REPUBLIC …"
Quelle: http://lawmin.nic.in/olwing/coi/coi-english/coi-4March2016.pdf"

(Quelle: Rainer Stablo, DIE LINKE.UND ICH 2, BOD 2017, S. 80)

Sergej Lawrow: „Nichts und niemand kann die Rolle der Roten Armee **aller Völker der Sowjetunion** bei der Zerschlagung des Faschismus herunterspielen." (Münchener Sicherheitskonferenz 2020)

Ernst Thälmann: „Im Mittelpunkt der großen Weltereignisse, im Feuer der gegenwärtigen politischen Atmosphäre und im flutenden Leben der schaffenden Menschheit steht mein Schicksal... Ich bin kein weltflüchtiger Mensch, ich bin ein Deutscher mit großen nationalen, aber auch internationalen Erfahrungen. Mein Volk, dem ich angehöre und das ich liebe, ist das deutsche Volk, und meine Nation, die ich mit großem Stolz verehre, ist die deutsche Nation, eine ritterliche, stolze und harte Nation. Ich bin Blut vom Blute und Fleisch vom Fleische der deutschen Arbeiter und bin deshalb als ihr revolutionäres Kind später ihr revolutionärer Führer geworden. Mein Leben und Wirken kannte und kennt nur eines: Für das schaffende deutsche Volk meinen Geist und mein Wissen, meine Erfahrungen und Tatkraft, ja mein Ganzes, die Persönlichkeit zum Bestehen der deutschen Zukunft für den siegreichen sozialistischen Freiheitskampf im neuen Völkerfrühling der deutschen Nation einzusetzen!" (Quelle: https://www.thaelmann-gedenkstaette.de/GSETHP/Brief.html)

Karl Liebknecht: „Der Hauptfeind jedes Volkes steht in seinem eigenen Land! Der Hauptfeind des deutschen Volkes steht in Deutschland: der deutsche Imperialismus, die deutsche Kriegspartei, die deutsche Geheimdiplomatie. Diesen Feind im eigenen Lande gilt's für das deutsche Volk zu bekämpfen, zu bekämpfen im politischen Kampf, zusammenwirkend mit dem Proletariat der anderen Länder, dessen Kampf gegen seine heimischen Imperialisten geht. Wir wissen uns eins mit dem deutschen Volk - nichts gemein haben wir mit den deutschen Tirpitzen und Falkenhayns, mit der deutschen Regierung der politischen Unterdrückung, der sozialen Knechtung. Nichts für diese, alles für das deutsche Volk. Alles für das internationale Proletariat, um des deutschen Proletariats, um der getretenen Menschheit willen!" (Quelle: Karl Liebknecht, Der Hauptfeind steht im eigenen Land!, http://www.mlwerke.de/kl/kl_001.htm)

Karl Liebknecht: „Die Feinde des Volkes rechnen mit der Vergeßlichkeit der Massen" „für die Erhaltung und für den Ausbau der Revolution im Sinne der unterdrückten Volksklassen. (...) Vor allem sind wir uns jener Schwierigkeit bewußt, die darin besteht, daß das deutsche Volk noch keine revolutionäre Erfahrung und Überlieferung besitzt. (...) Selbstdisziplin des deutschen Volkes (...)" (Quelle: Karl Liebknecht, Was will der Spartakusbund, http://www.mlwerke.de/kl/kl_005.htm)

Die Internationale (nach Emil Luckhardt, 1910): „Völker, hört die Signale! Auf zum letzten Gefecht! Die Internationale erkämpft das Menschenrecht."

Rosa Luxemburg: „Die wunde Stelle der revolutionären Sache in diesem Augenblick: die politische Unreife der Soldatenmasse, die sich immer noch von ihren Offizieren zu volksfeindlichen gegenrevolutionären Zwecken mißbrauchen läßt". (Quelle: Rosa Luxemburg, Die Ordnung herrscht in Berlin, 1919 http://www.mlwerke.de/lu/lu2_203.htm)

Bertolt Brecht: Kinderhymne

1. Anmut sparet nicht noch Mühe
Leidenschaft nicht noch Verstand
Daß ein gutes Deutschland blühe
Wie ein andres gutes Land.

2. Daß die Völker nicht erbleichen
Wie vor einer Räuberin
Sondern ihre Hände reichen
Uns wie andern Völkern hin.

3. Und nicht über und nicht unter
Andern Völkern wolln wir sein
Von der See bis zu den Alpen
Von der Oder bis zum Rhein.

4. Und weil wir dies Land verbessern
Lieben und beschirmen wir's
Und das Liebste mag's uns scheinen
So wie andern Völkern ihrs.

(Quelle: Bertolt Brecht, Kinderhymne, 1950, https://www.deutschelyrik.de/kinderhymne-1950.html)

Fidel Castro Ruz: „ Wenn wir Revolutionäre darüber befragt werden, was für uns das Wichtigste ist, werden wir sagen: das Volk. Und wir werden immer sagen: das Volk. Das Volk in seinem eigentlichen Sinne, das heißt, jene Mehrheit des Volkes, die immer unter der Ausbeutung und der grausamsten Vergessenheit leben musste..." (Quelle: Fidel Castro, Schlussrede

der Zusammenkünfte mit den Kubanischen Intellektuellen in der Nationalbibliothek, 16. Juni 1961, http://www.fidelcastro.cu/de/citas-
sobre/Volk?page=3)

Nation, Patriotismus, Internationalismus, Heimat, Vaterland

Parallel zum positiven, linken, sozialistischen Volksbegriff hat die Linke sich auch den Begriff der „Nation" (wieder) anzueignen und (neu) positiv zu besetzen. Die Pflege eines „gesunden Nationalbewusstseins, ohne Überhöhung oder narzisstische Verklärung"[18], sollte unter den Kategorien „linker Patriotismus", „sozialistischer Patriotismus", „kommunistischer Patriotismus"[19] auch selbstverständliche Aufgabe einer Linken sein.

Es gibt in der Tat keinen wirklichen Widerspruch zwischen einer patriotischen und einer dezidiert sozialen bzw. sozialistischen Position.[20]

Einige Beispiele aus der Geschichte und Gegenwart der Linken (nicht nur in Deutschland) sollten als überzeugender Beleg dafür genügen, dass die Begriffe Nation, Patriotismus, Heimat etc. neben dem Begriff Volk auch zur sozialistischen und kommunistischen Bewegung gehören:

Ernst Busch: „Und so rufen wir durch unser deutsches Land: Go home, Ami! Ami, go home! (...) Sag: Good bye dem Vater Rhein. Rühr' nicht an sein Töchterlein - Lorelei - solang du singst, Wird Deutschland sein! (...) Go home, Ami! Ami, go home! Laß in Ruh den deutschen Strom! " (Quelle: Ernst Busch (Hrsg.): Internationale Arbeiterlieder. Berlin (Lied der Zeit) 1952, S. 142-144)

Ernst Thälmann: „Erst wenn wir den Sozialismus in Deutschland haben,... erst dann werden die Notleidenden und Unterdrückten ein Vaterland haben, ein Vaterland, das uns gehört, erst dann werden sie eine sozialistische Heimat haben." (Quelle: Ernst Thälmann. Bilder, Dokumente, Texte. Dietz Verlag Berlin 1986, S. 394)

---

[18] „Die Pflege eines gesunden Nationalbewußtseins, ohne Überhöhung oder narzißtische Verklärung, bleibt eine stetige Aufgabe." (S. 132)

[19] „Wir haben (...) dafür den Begriff des solidarischen Patriotismus geprägt. Und wir wollen ihn leben!" (S. 245/246)

[20] „(...) ich sehe keinen Widerspruch zwischen einer patriotischen und einer dezidiert sozialen Position, im Gegenteil (...)" (S. 245)

Ernesto Che Guevara: „¡Patria o Muerte! ¡Venceremos!", „Vaterland oder Tod! Wir werden siegen!"

Fidel Castro Ruz: „Wenn das Vaterland die Menschheit ist, wie José Martí urteilte, dann sind wir Bürger der Welt und Brüder aller Völker des Planeten." (Quelle: Fidel Castro Ruz, Ansprache auf der Offenen Tribüne der Revolution, im Protestakt gegen die Blockade, die Verleumdungen und Drohungen der Regierung der Vereinigten Staaten gegen Kuba auf dem Plaza Los Olivos, Sancti Spiritus, am 25. Mai 2002, http://www.fidelcastro.cu/de/citas-sobre/Volk?page=10)

Fidel Castro Ruz: „Über die Ehre wird nicht verhandelt! Über die Heimat wird nicht verhandelt! Über die Würde wird nicht verhandelt! Über die Unabhängigkeit, die Souveränität, die Geschichte und den Ruhm wird nicht verhandelt!" (Quelle: Fidel Castro Ruz: Rede zur Abschlussveranstaltung des 1. Internationalen Kongresses über Kultur und Entwicklung im Kongresspalast, 11. Juni 1999, http://www.fidelcastro.cu/de/citas-sobre/Souver%C3%A4nit%C3%A4t)

Fidel Castro Ruz: „Wir sind ein patriotisches und würdiges Volk, das sich von niemanden etwas aufzwingen oder sich bedrohen lässt. Aber wir sind ein aufrichtiger Freund des Volkes der Vereinigten Staaten". (Quelle: Fidel Castro Ruz, Worte zum Empfang des ehemaligen US-amerikanischen Präsidenten James Carter, 12. Mai 2002, http://www.fidelcastro.cu/de/citas-sobre/Souver%C3%A4nit%C3%A4t?page=1)

Völlig klar dürfte auch sein, dass die Existenz von Nationen unbedingte Voraussetzung für den (sozialistischen) Internationalismus der Linken ist. Denn ohne Nationen kann es logischerweise keinen Internationalismus geben. **Fidel Castro** hat das Anfang der 90er Jahre auf den Punkt gebracht, indem die Rolle Kubas im antiimperialistischen Kampf beschrieb:

Kuba ist die „erste Verteidigungslinie gegenüber der Reaktion, gegenüber dem Imperialismus, gegenüber den Ausbeutern, gegenüber jenen, die die Welt während ganzer Jahrhunderte plünderten und vorhaben, sie weiterhin auszuplündern". „ Wenn ein Volk diese Verantwortung auf seinen

Schultern trägt, und wir sind dieses Volk, dann lässt es nicht mit sich spielen!" „ Jetzt wird von unserem Land eine außerordentliche internationalistische Mission verlangt: die Revolution in Kuba zu retten, den Sozialismus in Kuba zu retten! Und darin wird der größte internationalistische Dienst liegen, der unser Volk der Menschheit erweisen kann." (Wolfgang Mix, Kubas Internationalismus - Angola 1975-1991, S. 143/144)

Dass es im Falle Deutschlands - in Anlehnung an Russland - auch Sinn machen würde, Begriffe im Umfeld von Nation und Volk neu einzuführen und alte wie neue exakt zu definieren, sei in folgendem Vorschlag ausgeführt (aus Rainer Stablo, DIE LINKE.UND ICH 3, BOD 2020, S. 35/36):

„deutsche Sprache = Deutsch

deutsche Staatsangehörigkeit = Staatsangehörigkeit Deutschlands
deutsches Volk = alle Menschen, die die Staatsangehörigkeit Deutschlands haben
deutsche Bevölkerung = alle Menschen, die die Staatsangehörigkeit Deutschlands besitzen und in Deutschland leben
deutsche Nation = deutsches Volk
deutscher Staat = Staat des deutschen Volkes
Deutschland als Vielvölkerstaat

deutschländisches Volk = alle Menschen, die in Deutschland leben, unabhängig davon, ob sie die deutsche Staatsangehörigkeit besitzen oder nicht
deutschländische Bevölkerung = deutschländisches Volk
deutschländische Sprachen = alle Sprachen, die von der Bevölkerung in Deutschland gesprochen werden, Deutsch und alle anderen
deutschländische Nation = deutschländisches Volk
deutschländischer Staat = deutscher Staat"[21]

---

[21] „Der anti-nationale Drall der deutschen Linken ist tatsächlich eine historische Last mit üblen Folgen. Das ist umso trauriger, als es dort immer patriotische Strömungen gegeben hat, sowohl in der Sozialdemokratie als auch bei den Kommunisten. Nationale Bekenntnisse wie von dem KPD-Führer Ernst Thälmann (...). (...) (PDS) Landeschef Johann Scheringer, der sich stets als »sozialistischer Patriot« verstand (...) PDS-Bundestagskandidatin aus Schwerin, Angelika Gramkow, die (...) beklagte, daß man »die nationale Identität den Rechten überlassen« habe, es gehe doch schließlich um »die Heimat« und um ein »besseres Deutschland«." (S.246/247)

„Um die Jahrtausendwende (…) (lag) (…) in der Nachfolgepartei der SED (…) eine patriotische Grundstimmung im Sinne der Brechtschen Kinderhymne (…) in der Luft." (S. 247)

„Die damalige, von einer überwältigenden Mehrheit gewählte Parteivorsitzende Gabriele Zimmer bekannte auf dem Cottbusser Parteitag im Jahr 2000 ihre tiefe Verbundenheit zu Deutschland, bevor sie dann später kleinlaut einknickte und demontiert wurde. Der anti-deutsche Kurs eines Lothar Bisky und Gregor Gysi (…) setzte sich schließlich durch." (S. 248)

„Heute ist die Partei mehrheitlich stramm anti-national ausgerichtet (…). Aber es gibt neben (…) Sahra Wagenknecht auch noch andere vernünftige Kräfte im Umfeld der Partei (…). Selbst in der Jungen Welt konnte man einen interessanten Beitrag von Klaus Fischer über die »Instrumentalisierung der Flüchtlinge« lesen, von dem ich jedes Wort unterschreiben kann." (S. 248)

„Natürlich werden wir wohl kaum die gesamte Linke von ihren anti-nationalen Überzeugungen abbringen können, aber wir sollten noch rettbaren Teilen helfen, ihre künstliche und sinnlose Kluft zum Volk zu überwinden." (S. 249)

Radikalität, kein Extremismus

Auch für die Linke sollte die Unterscheidung zwischen „radikal"[22] und „extrem" selbstverständlich sein. Und ihre Politik sollte immer radikal im Sinne des „an der Wurzel des Übels anpacken" sein, aber nie extremistisch.[23]

Theorie und Praxis, keine Ideologie

Auch sollte die Linke immer wieder deutlich machen, dass die sozialistische Idee keine Ideologie[24] ist, kein Ausdruck also von falschem Bewusstsein bezüglich gesellschaftlicher Wirklichkeit, sondern eine Theorie und Anschauung darstellt, die wissenschaftlich begründet und begründbar ist, zur Praxis drängt und von der Praxis, und nur von ihr, falsifiziert oder verifiziert werden kann.

---

[22] „Realpolitik (kann) nur auf fundamentaler Kritik des Bestehenden beruhen." (S. 231)

[23] „Die Unterscheidung zwischen »radikal« und »extrem« ist (...) sehr wichtig: Radikalität (...) (steht) (...), radix = Wurzel, für tiefes, grundsätzliches und gründliches Denken. Radikalität kann ein Ausdruck von ausgeprägtem Differenzierungsvermögen sein, das für den Erwachsenen, besonders wenn er in politischer Verantwortung steht, eine Notwendigkeit ist." (S. 144)

„Extremismus dagegen ist eine Vereinseitigung, ein Ausblenden von Wirklichkeit. (...) Ich lehne daher jede Form von Extremismus ab." (S. 145)

[24] „Ideologie (...). Ich verstehe unter ihr den Extremismus eines Standpunktes und die Verabsolutierung von Einzelaspekten." (S. 146)

Partei[25]

Auch für die Linke kann und darf eine Partei niemals Selbstzweck[26] sein, immer nur Mittel zum Zweck. Ihre Mitglieder dürfen sich durch die Verlockungen des Establishments und Systems nicht korrumpieren lassen. [27]

Insofern hat auch eine Partei der Linken darauf zu achten, dass nicht Karrieristen und Postenjäger die Oberhand in der Partei bekommen und die

---

[25] "Wenn wir die innere Einheit ernsthaft wiederherstellen wollen, kommen wir um die Aufgabe einer nationalen Verständigung nicht herum. (...) Zum einen sollten wir (...) links nicht per se mit volksfeindlich gleichsetzen. Zum anderen sollten wir offen sein für Gespräche. Es gibt eine ganze Reihe von inhaltlichen Schnittmengen: Unsere politische Forderung gegen Lohndumping, den Abbau sozialer Standards und die Benachteiligung der deutschen Hilfs- und Sozialbedürftigen gegenüber den Migranten, sowie unsere grundsätzliche Kritik an Raubtierkapitalismus und Globalisierung, die Verständigung mit Rußland usw." (S. 249)

„Anfang 2018 rief Oskar Lafontaine zur Bildung einer linken Volkspartei auf. Mit Sahra Wagenknecht an der Spitze könnte daraus etwas Interessantes werden." (S. 249/250)

„Es wäre zunächst eine Normalisierung der politischen Szene, denn in Frankreich, Spanien und Italien gibt es längst schon »linkspopulistische« Parteien, die sich wie wir gegen die herrschende Politik richten. (...) Die AfD muß sich dann langsam entscheiden, ob sie als kritischer Teil des Establishments agieren möchte, wie es die sogenannten »Realpolitiker« in der Parte fordern, oder ob sie eine wirkliche Alternative zum Bestehenden sein will – was eine globalisierungs- und kapitalismusüberwindende Position einschließt." (S. 250)

„Unsere Parteiendemokratie ist über den Weg einer Oligarchie zu einer Ochlokratie, der Herrschaft der Schlechten, verkommen." (S. 227)

[26] „Verkrustungen unserer Parteiendemokratie (...) Partei niemals Selbstzweck" (S. 165)

[27] „Ich bin durch die Verlockungen des Establishments nicht korrumpierbar." (S. 221)

politischen Inhalte in der Folge nicht verwässert werden.[28]

Die Arbeiterklasse in Deutschland - gleich welcher Nationalität oder Volkszugehörigkeit - hat (wieder) im Fokus der sozialistischen Parteipolitik zu stehen, die Entfremdung der Linken von zentralen Teilen der eigenen Klientel (Arbeiterinnen und Arbeiter, sozial Schwache, „einfache Leute", „der kleine Mann") ist schnellstmöglich zu beenden.[29]

Regierungsbeteiligungen sind nur dann angezeigt, wenn sie einen wesentlichen oder entscheidenden Beitrag innerhalb der Gesamtstrategie liefern. Anbiederung an die herrschende Politik ist ein absolutes Tabu.[30]

---

[28] „Wir müssen vor allem aufpassen, dass nicht Karrieristen und Postenjäger die Oberhand in der Partei bekommen und die politischen Inhalte nicht verwässert werden." (S. 228)

[29] „Der sogenannte »kleine Mann«, die sozial Schwächeren sind (…) die wichtigste Wählergruppe der AfD." (S. 241)

Die Linke „ist momentan überhaupt nicht zu beneiden, denn sie steckt in einer noch größeren Klemme als die Konservativen: Ihre bisherigen Positionen gegen den US-Imperialismus, gegen eine Konfrontation mit Rußland, gegen Globalisierung, Raubtierkapitalismus und Sozialabbau werden gerade von den etablierten Parteien bekämpft, zu denen sie ja mittlerweile auch gehört oder gehören möchte. Der Linken droht mit dieser Anbiederung an die herrschende globalistische Politik ein drittes historisches Desaster." (S. 242)

„Es ist ein absoluter geistig-moralischer Tiefpunkt der Linken, sich als Hilfskräfte des Globalkapitals anzudienen und dabei die eigentliche Klientel - die deutschen Arbeiter und die sozial Schwachen – schmählich im Stich zu lassen." (S. 243)

„Das geradezu fanatische Eintreten für offene Grenzen und uferlose Multikultualisierung der globalistischen Linken ist ein glatter Verrat an der einheimischen Arbeiterklasse." (S. 243/244)

„(…) massive Entfremdung der Linken von den »einfachen Leuten« (…)" (S. 245)

[30] „Entscheidend sind nicht irgendwelche Regierungsbeteiligungen, sondern ob die Politik endlich wieder in die richtige Richtung geht. Wir brauchen dazu mehr Strategie und weniger Taktiererei." (S. 225)

Apropos Gesamtstrategie: Die bisherigen Parteikonzepte und -strukturen der Linken (im Allgemeinen) haben keine der Parteien in Geschichte und Gegenwart (DIE LINKE, DKP, MLPD, KPD, USPD, u.v.a.m.) dem strategischen Ziel: Sozialismus bzw. „freie sozialistische Republik Deutschland" (Karl Liebknecht, 1918) auch nur ansatzweise näher gebracht.

Es bedarf - nach mehr als einhundert Jahren! - anderer Antworten. Aus Fehlschlägen lernen! Eine naheliegende strategische, dialektische Antwort:

Zwei Parteien! Statt zweier oder mehr Parteien und nutzlosem Flügelstreit innerhalb jeder Partei! Zwei schlagkräftige Parteien statt lähmender Zersplitterung! Zwei Parteien, die sich arbeitsteilig und gleichberechtigt auf den Weg machen, aber im Ziel (Sozialismus/Kommunismus) einig sind!

Zwei Parteien, die nicht in Konkurrenz zueinander stehen, sich nicht gegenseitig bekämpfen, sondern sich - gemeinsam strategisch planend - **symbiotisch** ergänzen, sich solidarisch gegenseitig unterstützen und stärken im antikapitalistischen Kampf. Das Eine tun und das Andere nicht lassen!

Die eine Partei sollte explizit sozialreformerisch bzw. **sozialistisch-reformerisch** sein und systemimmanent, im kapitalistischen System, für konkrete Verbesserungen und gegen Verschlechterungen kämpfen.

Die andere Partei sollte explizit und unbeirrbar („unbelehrbar") **sozialistisch-revolutionär** sein und - systemtranszendierend - ganz auf die Überwindung des kapitalistischen Systems fokussiert sein.

Die sozialistisch-reformerische Partei nimmt an den parlamentarischen Wahlen teil, bis hin zu Regierungsbeteiligungen, die sozialistisch-revolutionäre Partei beteiligt sich daran nicht und kritisiert das parlamentarische System als das, was es ist: ein Herrschaftsinstrument. Die Methoden und Taktiken sind also unterschiedlich. Das gesamtstrategische Ziel aber ist und bleicht dasselbe: Sozialismus/Kommunismus eigener Prägung.

Die Mitglieder der sozialistisch-reformerischen Partei führen den Kampf in der Regel ehren- bzw. nebenamtlich in Teilzeit, die Mitglieder der sozialistisch-revolutionären Partei führen ihn weit überwiegend hauptamtlich und in Vollzeit. Personalunion und Doppelmitgliedschaft sind nicht sinnvoll.

Ein gemeinsamer Namensteil könnte die dialektische Einheit respektive den dialektisch-symbiotischen Charakter des Zwei-Parteien-Ansatzes unterstreichen, ein Namenszusatz den Unterschied kennzeichnen, beispielsweise durch das Anhängen der Kürzel REF (= sozialistisch-**ref**ormerisch) bzw. REV (= sozialistisch-**rev**olutionär):

DIE LINKE:	LINKE-REF bzw. LINKE-REV
DKP:	DKP-REF bzw. DKP-REV
(Vereinigte) Sozialistische Partei in Deutschland:	(V)SPiD-REF bzw. (V)SPiD-REV
(Vereinigte) Kommunistische Partei in Deutschland:	(V)KPiD-REF bzw. (V)KPiD-REV.

USA[31], NATO[32], EU[33], Euro

Die Linke hat einen klaren und eindeutigen Trennungsstrich zum Imperialismus der USA und zum Imperialismus der Europäischen Union zu ziehen.

Damit zu verbinden ist das unbedingte Ziel, schnellstmöglich den Austritt Deutschlands aus der NATO, den Abzug aller NATO-Truppen und -Geheimdienste aus Deutschland sowie die Schließung aller NATO-Einrichtungen in Deutschland zu vollziehen.

Der schnellstmögliche Austritt Deutschlands aus der Europäischen Union und der Abschied vom Euro gehören ebenso zu den obersten Zielen einer antiimperialistischen Linken in Deutschland.

---

[31] „intransigente Außenpolitik der USA, an die wir sklavisch gekettet zu sein scheinen". (S. 194)

„die USA fahren eine doppelgleisige Politik (...). Einerseits die von Neocons und Falken befeuerte penetrante Einmischungs- und Destabilisierungspolitik im islamischen Raum, die zu Staatszerfall, Chaos und religiösem Fanatismus führt. Und andererseits die ganz bewußt geförderte muslimische Masseneinwanderung nach Europa, die innergesellschaftliche Konflikte und islamische Terrorbedrohung züchtet." (S. 195)

„Der Doppelstrategie der amerikanischen Regierung müssen wir eine ebenso zweifache Antwort entgegensetzen, am besten im Bund mit den anderen europäischen Staaten: Erstens der Ausstieg aus der internationalen »Anti-Islam-Koalition« und die konstruktive Zusammenarbeit mit muslimischen Ländern – je nach nationaler Interessenlage." (S. 195)

[32] pure „Nibelungentreue zur US-geführten NATO" (S. 279)

„Heute hilft man als Bundeswehrsoldat, fremde Großmachtstrategien durchzusetzen. Das könnte sich nach dem Rückzug der Amerikaner aus Europa und einer möglichen Auflösung oder Neuausrichtung der NATO ändern." (S. 54)

[33] „die EU ist nicht gleich Europa!" (S. 279)

„Ich bin überzeugt: Die EU hat keine Zukunft (...). Und der Euro hat keine Zukunft (...)". (S. 280)

Antikapitalismus, Antifaschismus, Antiimperialismus

Die Politik der Linken ist ohne Wenn und Aber strikt antikapitalistisch, antiimperialistisch, antifaschistisch, antikolonialistisch, antimilitaristisch, antinationalistisch, antirassistisch und antisexistisch.

Auch die Linke setzt die schnellstmögliche Beendigung der einseitigen Exportorientierung der Wirtschaft in Deutschland auf die Tagesordnung.[34]

---

[34] „einseitige Exportorientierung unserer Wirtschaft (…) überdenken" (S. 277)

Militär

Eine Linke, die in der Welt, wie sie derzeit nun einmal ist, als realitätsbezogene und zukunftsfähige Kraft ernst genommen werden und erfolgreich sein will, hat sich ebenfalls deutlich für eine intakte Armee mit dem klaren Wehrauftrag zur Landesverteidigung auszusprechen.[35]

Der Aufbau und die Weiterentwicklung einer sozialistischen Armee zum Zweck der Verteidigung gegen innere wie äußere militärische Aggressionen ist eine Selbstverständlichkeit. Allein die Tatsache, dass die sozialistischen Staaten der Welt - angesichts der permanenten Bedrohung ihrer Existenz durch konterrevolutionäre oder imperialistische Bestrebungen - allesamt je ein starkes sozialistisches Militär vorhalten und stetig weiter entwickeln, zeigt, wie illusionär es ist, zu glauben, ein sozialistisches Deutschland könnte ohne ein starkes Militär auskommen.

Zwingende Voraussetzung für den Aufbau und die Entwicklung der Streitkräfte für ein sozialistisches Deutschland ist ein sozialistisches Militärkonzept auf der Basis einer Militärtheorie, die sich nicht zuletzt an Theorie und Praxis sozialistischer, kommunistischer und Volksbefreiungsstreitkräfte aus Vergangenheit und Gegenwart orientieren sollte:

Kuba.

Die Revolutionären Streitkräfte Kubas beispielsweise agieren „seit Beginn der 1980er Jahre auf der Basis und im Rahmen einer sozialistischen Militärdoktrin, die den Namen „Krieg des ganzen Volkes" bzw. „Militärdoktrin des allgemeinen Volkskrieges" führt und auf die Erfahrungen Vietnams zurück(geht), dessen Volk sich in einem ausdauernden und aufopfernden Guerillakrieg mit einfachsten Waffen vom Kolonialismus befreit und in den 70er Jahren sogar die USA besiegt hat.

---

[35] „(Es) bedarf einer von fremden Direktiven unabhängigen Staatsführung, einer fähigen Diplomatie und einer intakten Armee mit dem klaren Wehrauftrag zur Landesverteidigung. Das sichert die Unabhängigkeit des Staates und die Freiheit seiner Bürger. Ein fremdbestimmtes, unbewaffnetes Volk ist auf Dauer ein unfreies Volk." (S. 274/275)

Zentrales Prinzip ist die Partizipation des Volkes, die, so der legendäre Guerillakämpfer und geniale Stratege Vietnams, General Vo Nguyen Giap, das ganze Geheimnis des Sieges ausmacht."

Der Landesverteidigung wird höchste Priorität eingeräumt. Und selbstredend ist der Begriff des Vaterlandes kein Tabu, da die Streitkräfte dazu geschaffen sind, „den Sozialismus und das Vaterland zu verteidigen!"

(Quelle: Rainer Stablo, DIE LINKE.UND ICH 2, BOD 2017, 70/71, 72).

China.

Für die Volksbefreiungsarmee der VR China gilt: Eines der Kernelemente des weiteren Aufbaus des „Sozialismus chinesischer Prägung" ist die „Modernisierung der Landesverteidigung und Armee". Bis zum Jahr 2035 soll dies umgesetzt werden, und „die Volksarmee bis Mitte dieses Jahrhunderts umfassend zu einer Armee von Weltrang" entwickelt werden (siehe z.B. http://german.xinhuanet.com/2017-10/18/c_136689281.htm).

In den Worten Xi Jinpings, des wiedergewählten Generalsekretärs des Zentralkomitees der KPCh, aus den Jahren 2012/2013 (siehe **Xi Jinping, China regieren,** Verlag für fremdsprachige Literatur, Peking 2014) geht es dabei um die Umsetzung der „militärisch-strategischen Richtlinie der aktiven Defensive" auf der Basis „des Wissenschaftlichen Entwicklungskonzeptes".

Dies soll zu einer revolutionären Volksbefreiungsarmee führen, die die „Souveränität und Sicherheit" der Volksrepublik China gewährleisten kann.

„Jederzeit kampfbereit zu sein, muss nach wie vor vorrangig für unsere Armee sein, und wir müssen unsere Abschreckungs- und Kampffähigkeiten im Informationszeitalter umfassend steigern sowie unsere Souveränität, Sicherheit und Entwicklungsinteressen wahren. Die gesamte Armee muss militärischen Übungen strategische Bedeutung beimessen, um ihre reale Kampffähigkeit ständig zu erhöhen."

„Es gilt, unsere Streitkräfte nach den Erfordernissen eines realen Krieges hart und strikt zu trainieren. Bei der Modernisierung der Armee soll den Vorbereitungen auf militärische Kämpfe ständig Vorrang eingeräumt werden, um die Fähigkeiten der Armee zur Erfüllung vielfältiger militärischer Aufgaben, von denen die Fähigkeit zum Gewinnen lokal begrenzter Kriege unter den Bedingungen der Verbreitung der Informationstechnologie den Kern bildet, umfassend zu erhöhen."

„Wir müssen unsere militärische Reform weiter vertiefen und ein System moderner militärischer Kräfte chinesischer Prägung aufbauen", eine „revolutionäre Volksarmee, die dem Kommando der Partei folgt", „im Ernstfall auch kampf- und siegesfähig".

Xi Jinping betont zugleich den friedliebenden Charakter der Volksrepublik China: „Die chinesische Nation ist eine friedliebende Nation. Kriege aus der Welt zu schaffen und Frieden zu erreichen, ist seit dem Eintritt in die Moderne die dringlichste und größte Sehnsucht des chinesischen Volks."" (Quelle: Rainer Stablo, DIE LINKE.UND ICH 3, BOD 2020, S. 47/48)

Im neuesten Weißbuch von 2019 „China's National Defense in the New Era" finden sich die offiziellen Grundlagen der Nationalen Verteidigungsstrategie der VR China. (Quelle: http://www.xinhuanet.com/english/download/whitepaperonnationaldefenseinnewera.doc)

Venezuela.

Auch in Venezuela leisten die Streitkräfte ihren unverzichtbaren Verteidigungsauftrag. Von William Castillo, dem Vizeaußenminister Venezuelas, und Carolus Wimmer, dem Internationalen Sekretär der Kommunistischen Partei Venezuelas, wurden wichtige Charakterzüge des bolivarischen Streitkräfte Venezuelas 2018 und 2020 so beschrieben:

William Castillo (2018):

„Zu der zivil-militärischen Einheit (…) .

Die bolivarische Revolution ruht auf zwei grundlegenden Pfeilern.

Der aktiven Teilnahme und Teilhabe des Volkes bei der Ausübung der Macht und auf der zivil-militärischen Einheit; das ist ein Konzept, was vom Commandante Hugo Chavez entwickelt wurde.

(…) Hugo Chavez hat die Militärdoktrin genommen, die in Venezuela vorherrschte und die von den USA gekommen war, und er hat sie um 180 Grad gedreht.

Er sagte, die Militärs sind nicht dafür da, ausländische Mächte zu unterstützen. (…) Venezuela ist weder ein Stützpunkt ausländischer Mächte

noch akzeptiert das Land ausländische Militärstützpunkte. Die erste Maß-
nahme im Bereich Militär, die Hugo Chavez als Präsident ergriff, war die
Entfernung sämtlicher US-amerikanischer Militärs, die unter dem Schutz
des entsprechenden Ministeriums auf venezolanischem Boden stationiert
waren.

Die USA verfügen über 1200 Militärstützpunkte in 42 Ländern und kein
einziger dieser Stützpunkte befindet sich auf venezolanischem Territorium. Venezuela akzeptiert keinerlei Überflug durch Flugmaschinen ausländischer Mächte, also es gibt keine Flugzone und da es so ist, dass in
Lateinamerika die einzigen Luftwaffenstreitkräfte, die irgendein Territorium dort überfliegen würden, die US-amerikanischen sind, akzeptiert Venezuela also solche Überflüge über sein Territorium auch nicht.

Zum Abschluss: Dank Hugo Chavez sind die Streitkräfte, sind die Militärs in
Venezuela heute keine Eliten mehr, die den Wirtschaftseliten gestellt wurden. Für uns sind die Militärs das Volk in Uniform."

Carolus Wimmer (2018), Internationaler Sekretär der Kommunistischen
Partei Venezuelas:

„Ich denke, dass sowohl in der Bevölkerung Venezuelas im Allgemeinen als
auch im Besonderen unter den Militärs ganz klares Bewusstsein darüber
herrscht, dass wir als einzigen Weg um vorwärts zu kommen, nur die Wahl
haben, das im Frieden zu tun. Ganz klar ist aber auch, dass eine Revolution,
wenn sie sich entwickelt, auch bereit und in der Lage sein muss, sich zu
verteidigen. Und das schließt ein, dass sie darauf vorbereitet sein muss,
Gewaltakten, die ihr gegenüber ausgeübt werden, entgegenzutreten.

Aber das Revolutionäre ist es, für den Frieden zu kämpfen. Das aber auf
dialektische Art und Weise, so wie es Hugo Chavez gesagt hat. Das ist eine
Revolution, die eine friedliche aber bewaffnete Revolution ist. Es wäre un-
verantwortlich, wenn wir nicht auch vorbereitet wären, auf die bewaffnete Verteidigung dieses bolivarischen Prozesses.

Und ich verstehe, dass es ein sehr komplexes, kompliziertes Problem für
die Linke ist. Wir müssen aber verstehen, dass wir die venezolanischen
Streitkräfte nicht genau als das sehen, was die Streitkräfte in kapitalisti-
schen-imperialistischen Ländern sind. Sie sind anders."

(Quelle: https://www.youtube.com/watch?v=hAnpOuxpJ-Q (Das Jahr der
Entscheidung))

Carolus Wimmer (2020), „Jeden Zentimeter verteidigen":

„In Venezuela gibt es neben den herkömmlichen Streitkräften die „Nationale Bolivarische Volksmiliz" zur Verteidigung gegen die Konterrevolution im Innern und von außen. Wie wichtig die Bewaffnung des Volkes gegen imperialistische Angriffe werden kann, zeigt die US-Invasion in Panama 1989/90, die zur Blaupause imperialistischer Angriffe aus „höheren Gründen" wurde.

Die Hauptfrage jeder Revolution ist zweifellos die Frage der Staatsmacht. Welche Klasse die Macht in den Händen hat, das entscheidet alles. ... Die Frage der Staatsmacht kann weder umgangen noch beiseitegeschoben werden, denn das ist eben die Grundfrage, die in der Entwicklung der Revolution, in deren Innen- und Außenpolitik alles bestimmt."(Eine der Kernfragen der Revolution, W. I. Lenin, September 1917)

Deshalb forderte am 13. April 2019, dem Tag der Nationalen Bolivarischen Volksmiliz in Waffen und der Revolution, der venezolanische Präsident Nicolás Maduro die Verfassunggebende Nationalversammlung (ANC), den Generalstab und die Militärkommission auf, alle Mechanismen zur Stärkung der Bolivarischen Nationalen Streitkräfte zu verbessern sowie die Nationale Bolivarische Miliz (BM) als ergänzende Komponente in die Verfassung aufzunehmen.

Die BM ist ein Bestandteil der Bolivarischen Nationalen Streitkräfte (FANB), die vom ehemaligen Präsidenten Hugo Chávez gegründet wurde und sich aus Zivilisten in Reserve, Ex-Militärs und Offizieren zusammensetzt.

Sie ist der jüngste Teil dieser Streitkräfte und gleichzeitig der größte (3.290.000 Mitglieder am 12. November 2019). Die Miliz besteht aus Bürgerinnen und Bürgern, die sich freiwillig organisieren, um Funktionen der integralen Verteidigung der Nation in Übereinstimmung mit dem Grundsatz der gemeinsamen Verantwortung von Staat und Zivilgesellschaft zu erfüllen. Die Mitglieder müssen beim Generalkommando der Miliz registriert werden und stehen unter seinem Kommando und seiner Führung.

Die Miliz soll die Bolivarianischen Streitkräfte bei der integralen Verteidigung der Nation ergänzen, um zur Gewährleistung ihrer Unabhängigkeit und Souveränität beizutragen.

Die Volksmiliz soll die Einheiten organisieren, ausrüsten, unterrichten und ständige Verbindungen zwischen den Nationalen Bolivarischen Streitkräften und dem venezolanischen Volk herstellen, um einen Beitrag zur Gewährleistung der Verteidigung der Nation zu leisten.

Das Generalkommando der Miliz setzt sich aus zwei Schichten zusammen: der Nationalreserve, bestehend aus allen venezolanischen Bürgern, die sich nicht im aktiven Militärdienst befinden oder die den Militärdienst absolviert haben oder die sich freiwillig den Reserveeinheiten anschließen; und den Milizen selbst, die sich aus der Territorialen Miliz (geografische Einheiten) und den Kampfgruppen (Einheiten, die von Arbeitern einer bestimmten Institution gebildet werden) zusammensetzen.

Die Milizeinheiten sind nicht nur in Territorialmilizen und Kampfgruppen unterteilt, sondern werden auch nach ihren Zielen in drei Arten eingeteilt:

• Allgemeine Beschäftigung: Mobile Einheiten, die im Hoheitsgebiet eines Bundeslandes oder einer Reihe von Gemeinden tätig sind.

• Gebietsbereitschaft: Zur Verteidigung einer Stadt oder wichtiger Ziele innerhalb eines bestimmten Gebiets. Ziel ist es, potenzielle wirtschaftliche und politische Ziele eines bestimmten Ortes zu verteidigen oder zur Aufrechterhaltung der öffentlichen Ordnung beizutragen.

Die Mitglieder der Territorialen Miliz treffen sich routinemäßig vier Mal im Monat (an Wochenenden), um militärischen Unterricht zu erhalten. Während der Woche üben sie andere Aktivitäten aus, vor allem bei außergewöhnlichen Anlässen oder Notfällen. Eine Sondergruppe innerhalb der Territorialen Miliz ist die sogenannte Ländliche Miliz, deren Bewaffnung und Ausrüstung sich vom Rest der Truppe unterscheidet.

Die Territoriale Miliz verwendet die gleiche Uniform, die die gesamte FANB trägt (die Uniform mit der Bezeichnung „Patriot"). Die reguläre Waffe ist das belgische Sturmgewehr FN FAL, das in der regulären Armee durch das in Russland hergestellte AK-103 ersetzt wird. Es ist die neue Standardwaffe der regulären venezolanischen Streitkräfte. Außerdem verfügen sie über Maschinengewehre, Mörser und Kanonen vom Kaliber 106 mm sowie andere Ausrüstung.

Es gibt eine Luftabteilung der bolivarischen Miliz, die in einigen Jahren aktiviert werden soll. Wie aus offiziellen Quellen hervorgeht, werden die Piloten für den Betrieb von Hubschraubern des Such- und Rettungsdienstes des Nationalen Instituts für Zivilluftfahrt zuständig sein.

Die Miliz steht unter dem direkten Kommando des Präsidenten als Oberbefehlshaber der nationalen Streitkräfte und wird ausgebildet, um die bolivarische Revolution zu verteidigen

Während der Eingliederung der Milizen in die Nationalen Streitkräfte forderte Nicolás Maduro die BM auf, in drei Dimensionen zu arbeiten.

Die erste ist präventiv und dazu aufgerufen, Nachrichtendienste und Gegenspionage zu aktivieren, um öffentliche Dienste zu verteidigen.

Die zweite Dimension ist die Defensive und zielt auf die Vorbereitung der Verteidigung des nationalen Territoriums. „Wir müssen uns darauf vorbereiten, jeden Zentimeter des nationalen Territoriums vor den Feinden unseres Landes zu verteidigen; wenn sie es eines Tages wagen, die Grenze zu verletzen, müssen die Miliz und die bolivarianischen Streitkräfte alle eindringenden Streitkräfte vertreiben", so Nicolás Maduro.

Die dritte Dimension liegt in der Offensive und besteht in der Vorbereitung und Planung zur Wahrung des Friedens und der Stabilität des Landes.

Auf Grund der andauernden imperialistischen Bedrohungen fordert die Kommunistische Partei Venezuelas (PCV):

1. Die Organisationen der nationalen Befreiung zu einer Antiimperialistischen und Antifaschistischen Front zu erweitern und zu festigen.

2. Die Bolivarische Miliz in den Gemeinden auszubauen, in denen die Struktur noch schwach ist und konterrevolutionäre Kräfte vorherrschen.

3. Die Miliz in den Städten, Betrieben, Bergwerken und ausländischen Konzessionsunternehmen zu erweitern.

4. Die Mitglieder der Partei auszubilden, damit sie in der Lage sind, in diesen Bereichen Verantwortung zu übernehmen.

Die Lehren, die unsere Partei (PCV) seit ihrer Gründung 1931 gezogen hat, unterstreichen die immense Bedeutung der antiimperialistischen

Landesverteidigung. Lenin schrieb 1916 in „Das Militärprogramm der proletarischen Revolution": „Eine der grundlegendsten Eigenschaften des Imperialismus besteht eben darin, dass er die Entwicklung des Kapitalismus in den rückständigsten Ländern beschleunigt und dadurch den Kampf gegen die nationale Unterdrückung ausbreitet und verschärft. Das ist die Tatsache. Und daraus folgt unvermeidlich, dass der Imperialismus nationale Kriege öfters erzeugen muss." Venezuela wird vorbereitet sein."

(Quelle: https://www.unsere-zeit.de/jeden-zentimeter-verteidigen-1226-65/)

Vietnam.

Am 22.12.2019 feierte die sozialistische Republik Vietnam den 75. Jahrestag der Gründung der Vietnamesischen Volksarmee. Mit Sicherheit lohnt es sich, deren Militärdoktrin und das neueste Weißbuch 2019 über die Verteidigung Vietnams in den Aufbau und die Entwicklung einer Militärdoktrin für ein sozialistisches Deutschland fruchtbar zu machen. Einige Grundsätze lauten wie folgt:

„2.2. Building the Viet Nam People's Army, Militia and Self-Defence Force

Viet Nam advocates building three categories of the armed forces, who are absolutely loyal to the Homeland, people,the CPV, and the State and tasked with safeguarding independence, sovereignty, territorial unity and integrity, national security, social order and safety, the CPV, the State, and people."

The three categories of the armed forces consist of the Main Force, Local Force, and Militia and Self-Defence Force, primarily responsible for building the all-people national defence.

They possess political steadfastness and consistency in the targets of national independence and socialism, endeavour to gain high competency and combat power, and are organised in an adept, compact, strong, mobile, highly flexible and efficient direction.

They also have an appropriate, synchronous organisational structure guided by the line of all-people national defence and people's war, and are ready to expand forces to meet the requirements of wars.

The Main Force is organised to be an elite force, equipped with strong firepower and means of rapid manoeuvre, and able to conduct independent and combined operations. Priorities are given to developing commandos.

The Local Force is organised on the basis of characteristics and defence and security missions specific to local areas and regions, including borders, seas and islands. They are armed appropriately to bring into full play their effectiveness in defence zones.

Viet Nam builds an extensive and robust Reserve, sufficient in quantity and quality, with high political steadfastness, proper structure, and good military expertise, laying the foundation for the development of the VPA when needed. The VPA's Reserve is well managed and trained to readily supplement the permanent force.

The Militia and Self-Defence Force is organised in an extensive, robust manner. It has high quality and is well suited for different localities, economic sectors, business enterprises, and administrative units.

(...) The Vietnamese nation has always followed the traditions of "building the country must go with defending the country", "defending the country when it is still in peace", defending the country with all-people unbeatable strength and closely combining politics, economics, culture, military and diplomacy to create the nation's overallpower to defeat any foreign invaders. Since the CPV was founded and led the revolution, the nation's military history tradition has been inherited and developed to a new height, contributing to firmly defending the socialist Vietnamese Homeland."

„In the unpredictable and complicated security situation in the region and the world, which has far-reaching effects on Viet Nam's national defence and security, Viet Nam's 2019 National Defence White Paper clearly shows the CPV and State of Viet Nam's determination to continue pursuing a national defence policy of peace and self-defence. Viet Nam is resolute and consistent in settling disputes and differences with other countries through peaceful means on the basis of international law. At the same time, Viet Nam advocates the consolidation and enhancement of the national defence strength of which the military strength plays a core part, ensuring sufficient capabilities for deterrence and defeating any acts of aggression and war. In the future, the VPA will be invested with necessary resources to continue playing the central role in the all-people national defence, being made strong enough to protect independence, sovereignty, territorial unity and integrity, national interests, and the socialist regime.

(Quelle: http://www.mod.gov.vn/wps/wcm/connect/08963129-c9cf-4c86-9b5c-81a9e2b14455/2019VietnamNationalDefence.pdf?MOD=AJPERES&CACHEID=08963129-c9cf-4c86-9b5c-81a9e2b14455)

Zu unterstreichen ist, dass die genannten sozialistischen Armeen auf einer Wehrpflicht basieren, die teilweise auch für Frauen gilt, und Frauen zum bewaffneten Kampf zugelassen sind.

Die Linke in Deutschland sollte auch offen sein für die Wiedereinführung einer geeigneten Form von Wehrpflicht.

Die Bezeichnung der Verteidigungs-Armee eines sozialistischen Deutschlands könnte sich an historischen oder gegenwärtigen sozialistisch-kommunistischen Armeen orientieren, wäre aber eher zweitrangig: Rote Armee, Nationale Volksarmee, Deutschländische Volksarmee, Sozialistische Volksarmee, Volksbefreiungsarmee, Revolutionäre Streitkräfte oder dergleichen.

Ein fremdbestimmtes, unbewaffnetes Volk ist in der Tat ein unfreies Volk! Das gilt auch für einen sozialistischen Staat.

Nur bewaffnete Selbstbestimmung wird ein sozialistisches Gemeinwesen gegen die unbedingt zu erwartenden Angriffe absichern können.

Auslandseinsätze im Bündnis mit anderen Streitkräften sollten dabei keineswegs tabu sein. Sie dürfen aber nur dann stattfinden, wenn sie dem Maßstab für den Einsatz der sozialistischen Streitkräfte genügen und der ist die antikapitalistische, antifaschistische, antiimperialistische und antikolonialistische Ausrichtung der Politik der Linken.

Die Vorhaltung schlagkräftiger sozialistischer Streitkräfte ist von der Verstaatlichung bzw. Vergesellschaftung der Rüstungsindustrie zu begleiten.

Selbstbestimmung[36], Souveränität[37], Unabhängigkeit, territoriale Integrität

In der Charta der Vereinten Nationen finden sich insbesondere folgende Formulierungen, die auf die Begriffe „Volk", „Nation" und „Staat" Bezug nehmen:

In der Präambel heißt es „Wir, die Völker der Vereinten Nationen (...) haben beschlossen (...).",

in Kapitel II „Mitglieder der Vereinten Nationen sind die Staaten, welche (...)" bzw. „Mitglied der Vereinten Nationen können alle sonstigen friedliebenden Staaten werden, welche (...)",

und in Kapitel IV ist - unabhängig davon, dass der Begriff „Nation" sich bereits im Begriff „Vereinte Nationen" findet, von der Beeinträchtigung der „freundschaftlichen Beziehungen zwischen Nationen" die Rede.

Insofern ist Deutschland als Volk, Nation und Staat Mitglied der Vereinten Nationen.

Die Linke in Deutschland erkennt die Charta der Vereinten Nationen selbstredend als verbindliche Grundlage des Völkerrechts an.

Völlig im Einklang mit dieser Charta ist die Linke in Deutschland daher

a) dem „Grundsatz der Gleichberechtigung und Selbstbestimmung der Völker" bzw. „der souveränen Gleichheit aller ihrer Mitglieder" und

b) der Unterlassung „jede(r) gegen die territoriale Unversehrtheit oder die politische Unabhängigkeit eines Staates gerichtete oder

---

[36] „Selbstbestimmung der Völker" (S. 282)

„Die nationale Selbstbestimmung darf nie angetastet werden" (S. 283)

[37] „Achtung der nationalen Souveränität" (S. 280)

sonst mit den Zielen der Vereinten Nationen unvereinbare Androhung oder Anwendung von Gewalt (in ihren internationalen Beziehungen)" bzw. „Beziehungen zwischen den Nationen"

verpflichtet.

Auch hierzu ein paar erhellende Zitate (aus Rainer Stablo, AMI GO HOME, BOD 2020 S.8-9):

Fidel Castro Ruz:

Die „Unabhängigkeit" ist „das Schönste in der Geschichte und Tradition eines Landes".

„(...) es gibt eine Wahrheit, die wir alle vorrangig verinnerlichen sollten, die besagt, dass es ohne wirtschaftliche Freiheit keine politische Freiheit gibt. Die politische Unabhängigkeit ist eine Lüge, wenn es nicht auch die wirtschaftliche gibt."

"Der Imperialismus (...) treibt sein Unwesen. (...) Außerdem gibt es einen Herrscher über die Welt (...) die USA (...). In aller Welt entwickeln sich starke Nationalgefühle. Das ist nicht gut. (...) Die Welt muss internationalistische Gefühle entwickeln."

„Ein Staat, der sich nicht verteidigt, den zerfetzen sie."

Ho Chi Minh:

„Nichts ist wertvoller als Unabhängigkeit und Freiheit".

Ernesto Che Guevara:

„Das strategische Ziel muss die Zerstörung des Imperialismus sein."

„Setzt man sich die Zerstörung des Imperialismus zum Ziel, muß man dessen Kopf identifizieren. Dieser Kopf ist kein anderer als die Vereinigten Staaten."

„Die reale Freiheit der Völker ist (...) der grundlegende Faktor dieses strategischen Ziels."

Rudi Dutschke:

„die organisierte Internationale der Unterdrückung in der Gestalt der Vereinigten Staaten von Nordamerika"

Oskar Lafontaine:

„Die Bundesregierung spricht von einem Eingriff in die Souveränität. Welch ein Irrtum. Souverän waren wir nie. Seit dem Zweiten Weltkrieg bestimmen die Amis bei uns über Krieg und Frieden. (...)

Gerhard Schröder:

„Die USA wollen bestimmen, mit wem wir Handel treiben dürfen und mit wem nicht. Das dürfen wir nicht akzeptieren. Wir sind nicht der 51. Bundesstaat der USA."

Völkerwanderung, Migration

Eine unbegrenzte Zuwanderung ist logischerweise ein Ding der Unmöglichkeit Auch ein Land, das noch so migrationsfreundlich ist, kann nicht beliebig viele, im Extremfall knapp 7,5 Milliarden, Menschen aufnehmen. Das ist eine Banalität. Für eine Linke kann es also nur darum gehen, die Grenze zu bestimmen, bis zu der die Aufnahme- und Integrationsfähigkeit eines Gemeinwesens aus sozialistischer Perspektive möglich ist.[38]

Bis zu dieser Grenze ist Zuwanderung/Migration ohne Wenn und Aber solidarisch zu gewährleisten und zu gestalten.

Politisches Asyl ist - davon unabhängig - ein nicht verhandelbares Menschenrecht.

---

[38] „Tropfeneinwanderung (ist) unproblematisch und eine Masseneinwanderung kritisch zu sehen". (S. 130)

„Lieber ein Ende mit Schrecken, als ein Schrecken ohne Ende." (S. 173)

„gewaltsame Transformation des hergebrachten Nationalstaates in eine multikulturelle Zuwanderungsgesellschaft (stoppen)". (S. 185)

„Massenansiedlung von außereuropäischen Bevölkerungen" (S. 185)

„Im Zweifelsfall wird die Entscheidung für eine befristete Zuflucht fallen um niemanden irrtümlich zurückzuweisen." (S. 189)

„fortschreitende Afrikanisierung, Orientalisierung und Islamisierung" (S. 257)

„gewaltsame Transformation des hergebrachten Nationalstaates in eine multikulturelle Zuwanderungsgesellschaft (stoppen)". (S. 185)

„Massenansiedlung von außereuropäischen Bevölkerungen" (S. 185)

„Im Zweifelsfall wird die Entscheidung für eine befristete Zuflucht fallen um niemanden irrtümlich zurückzuweisen." (S. 189)

„fortschreitende Afrikanisierung, Orientalisierung und Islamisierung" (S. 257)

Die internationalistische Grundhaltung der Linken verpflichtet darüber hinaus zum solidarischen Kampf gegen die Ursachen von Flucht, Vertreibung, Verfolgung und Migration.

Religion[39]

Ein toleranter Agnostizismus[40] täte einer sozialistisch-revolutionären Linken gut.

---

[39] Das alles ohne Vorurteile oder Haß auf den Islam als Religion und mit einem gebührenden Respekt gegenüber einer uns fremden Kultur." (S. 196)

[40] „Dennoch fehlt mir die feste Glaubensgewißheit, um mich als überzeugten „Christen" im konfessionellen Sinne bezeichnen zu können. (...) Am besten trifft wohl folgende schöne Beschreibung einer agnostischen Grundhaltung mein eigenes religiöses Empfinden: Als Demut vor den Rätseln der Welt. Was allerdings trotz aller Skepsis bestehen bleibt, ist der Respekt vor den großen Symbolen der Religionen und ihren Rückbindungsversuchen, sowie die Achtung vor den Leuten, denen es geglückt ist, diese Einheit persönlich zu leben." (S. 50/51)

Literatur

Björn Höcke, NIE ZWEIMAL IN DENSELBEN FLUSS, Manuscriptum 2018

Rainer Mausfeld, Angst und Macht, Westend 2019

Rainer Mausfeld, Kampf gegen Rechts heißt Kampf gegen Links, Februar 2019, https://www.nachdenkseiten.de/?p=58488

Rainer Rupp, Tagesdosis 21.02.2020, Der Gipfel der Heuchelei, https://kenfm.de/tagesdosis-21-2-2020-der-gipfel-der-heuchelei/

Rainer Stablo, freie sozialistische Republik Deutschland 2018, BOD 2016

Rainer Stablo, DIE LINKE.UND ICH 2, BOD 2017

Rainer Stablo, DIE LINKE.UND ICH 3, BOD 2020

Rainer Stablo, AMI GO HOME, BOD 2020

Kampagnen

https://weact.campact.de/petitions/ami-go-home-1

https://weact.campact.de/petitions/deutschland-raus-aus-der-nato-nato-raus-aus-deutschland-1